Pierre Corneille

La place royale ou
L'amoureux extravagant

© 2023 Culturea Editions

Texte et illustration de couverture : © domaine public
Edition : Culturea (Hérault, 34)
Contact : infos@culturea.fr
Retrouvez notre catalogue sur http://culturea.fr
Imprimé en Allemagne par Books on Demand
Design typographique : Derek Murphy
Layout : Reedsy (https://reedsy.com/)

Dépôt légal : janvier 2023
Tous droits réservés pour tous pays

ISBN : 9791041925506

Table des matières

Adresse

À Monsieur***

Monsieur,

J'observe religieusement la loi que vous m'avez prescrite, et vous rends mes devoirs avec le même secret que je traiterais un amour, si j'étais homme à bonne fortune. Il me suffit que vous sachiez que je m'acquitte, sans le faire connaître à tout le monde, et sans que par cette publication je vous mette en mauvaise odeur auprès d'un sexe dont vous conservez les bonnes grâces avec tant de soin. Le héros de cette pièce ne traite pas bien les dames, et tâche d'établir des maximes qui leur sont trop désavantageuses, pour nommer son protecteur ; elles s'imagineraient que vous ne pourriez l'approuver sans avoir grande part à ses sentiments, et que toute sa morale serait plutôt un portrait de votre conduite qu'un effort de mon imagination ; et véritablement, Monsieur, cette possession de vous-même, que vous conservez si parfaite parmi tant d'intrigues où vous semblez embarrassé, en approche beaucoup. C'est de vous que j'ai appris que l'amour d'un honnête homme doit être toujours volontaire ; qu'on ne doit jamais aimer en un point qu'on ne puisse n'aimer pas ; que si on en vient jusque-là, c'est une tyrannie dont il faut secouer le joug ; et qu'enfin la personne aimée nous a beaucoup plus d'obligation de notre amour, alors qu'elle est toujours l'effet de notre choix et de son mérite, que quand elle vient d'une inclination aveugle, et forcée par quelque ascendant de naissance à qui nous ne pouvons résister. Nous ne sommes point redevables à celui de qui nous recevons un bienfait par contrainte, et on ne nous donne point ce qu'on ne saurait nous refuser. Mais je vais trop avant pour une épître : il semblerait que j'entreprendrais la justification de mon Alidor ; et ce n'est pas mon dessein de mériter par cette défense la haine de la plus belle moitié du monde, et qui domine si puissamment sur les volontés de l'autre. Un poète n'est jamais garant des fantaisies qu'il donne à ses acteurs ; et si les dames trouvent ici quelques discours qui les blessent, je les supplie de se souvenir que j'appelle extravagant celui dont ils partent et que par d'autres poèmes, j'ai assez relevé leur gloire et soutenu leur pouvoir, pour effacer les mauvaises idées que celui-ci leur pourra faire concevoir de mon esprit. Trouvez bon que j'achève par là et que je n'ajoute à cette prière que je leur fais que la protestation d'être éternellement,

Monsieur,

Votre très humble et très fidèle serviteur,

Corneille.

Examen

Je ne puis dire tant de bien de celle-ci que de la précédente. Les vers en sont plus forts ; mais il y a manifestement une duplicité d'action. Alidor, dont l'esprit extravagant se trouve incommodé d'un amour qui l'attache trop, veut faire en sorte qu'Angélique sa maîtresse se donne à son ami Cléandre ; et c'est pour cela qu'il lui fait rendre une fausse lettre qui le convainc de légèreté, et qu'il joint à cette supposition des mépris assez piquants pour l'obliger dans sa colère à accepter les affections d'un autre. Ce dessein avorte, et la donne à Doraste contre son intention ; et cela l'oblige à en faire un nouveau pour la porter à un enlèvement. Ces deux desseins, formés ainsi l'un après l'autre, font deux actions, et donnent deux âmes au poème, qui d'ailleurs finit assez mal par un mariage de deux personnes épisodiques, qui ne tiennent que le second rang dans la pièce. Les premiers acteurs y achèvent bizarrement, et tout ce qui les regarde fait languir le cinquième acte, où ils ne paraissent plus, à le bien prendre, que comme seconds acteurs. L'épilogue d'Alidor n'a pas la grâce de celui de la Suivante, qui ayant été très intéressée dans l'action principale, et demeurant enfin sans amant, n'ose expliquer ses sentiments en la présence de sa maîtresse et de son père, qui ont tous deux leur compte, et les laisse rentrer pour pester en liberté contre eux et contre sa mauvaise fortune, dont elle se plaint en elle-même, et fait par là connaître au spectateur l'assiette de son esprit après un effet si contraire à ses souhaits.

Alidor est sans doute trop bon ami pour être si mauvais amant. Puisque sa passion l'importune tellement qu'il veut bien outrager sa maîtresse pour s'en défaire, il devrait se contenter de ce premier effort, qui la fait obtenir à Doraste, sans s'embarrasser de nouveau pour l'intérêt d'un ami, et hasarder en sa considération un repos qui lui est si précieux. Cet amour de son repos n'empêche point qu'au cinquième acte il ne se montre encore passionné pour cette maîtresse, malgré la résolution qu'il avait prise de s'en défaire, et les trahisons qu'il lui a faites : de sorte qu'il semble ne commencer à l'aimer véritablement que quand il lui a donné sujet de le haïr. Cela fait une inégalité de mœurs qui est vicieuse.

Le caractère d'Angélique sort de la bienséance, en ce qu'elle est trop amoureuse, et se résout trop tôt à se faire enlever par un homme qui lui doit être suspect. Cet enlèvement lui réussit mal ; et il a été bon de lui donner un mauvais succès, bien qu'il ne soit pas besoin que les grands crimes soient punis dans la tragédie, parce que leur peinture imprime assez d'horreur pour en détourner les spectateurs. Il n'en est pas de même des fautes de cette nature, et elles pourraient engager un esprit jeune et amoureux à les imiter, si l'on voyait que ceux qui les commettent vinssent à bout, par ce mauvais moyen, de ce qu'ils désirent.

Malgré cet abus, introduit par la nécessité et légitimé par l'usage, de faire dire dans la rue à nos amantes de comédie ce que vraisemblablement elles diraient dans leur chambre, je n'ai osé y placer Angélique durant la réflexion douloureuse qu'elle fait sur la promptitude et l'imprudence de ses ressentiments, qui la font consentir à épouser l'objet de sa haine : j'ai mieux aimé rompre la liaison des scènes, et l'unité de lieu qui se trouve assez exacte en ce poème à cela près, afin de la faire soupirer dans son cabinet avec plus de bienséance pour elle, et plus de sûreté pour l'entretien d'Alidor. Phylis, qui le voit sortir de chez elle, en aurait trop vu si elle les avait aperçus tous deux sur le théâtre ; et au lieu du soupçon de quelque intelligence renouée entre eux qui la porte à l'observer durant le bal, elle aurait eu sujet d'en prendre une entière certitude, et d'y donner un ordre qui eût rompu tout le nouveau dessein d'Alidor et l'intrigue de la pièce.

En voilà assez sur celle-ci ; je passe aux deux qui restent dans ce volume.

Acteurs

Alidor, amant d'Angélique.
Cléandre, ami d'Alidor.
Doraste, amoureux d'Angélique.
Lysis, amoureux de Phylis.
Angélique, maîtresse d'Alidor et de Doraste.
Phylis, sœur de Doraste.
Polymas, domestique d'Alidor.
Lycante, domestique de Doraste.

La scène est à Paris dans la place Royale.

Acte premier

Scène première

Angélique, Phylis

Angélique
Ton frère, je l'avoue, a beaucoup de mérite ;
Mais souffre qu'envers lui cet éloge m'acquitte,
Et ne m'entretiens plus des feux qu'il a pour moi.

Phylis
C'est me vouloir prescrire une trop dure loi.
Puis-je, sans étouffer la voix de la nature,
Dénier mon secours aux tourments qu'il endure ?
Quoi ! tu m'aimes, il meurt, et tu peux le guérir ;
Et sans t'importuner je le verrais périr !
Ne me diras-tu point que j'ai tort de le plaindre ?

Angélique
C'est un mal bien léger qu'un feu qu'on peut éteindre.

Phylis
Je sais qu'il le devrait ; mais avec tant d'appas,
Le moyen qu'il te voie et ne t'adore pas ?
Ses yeux ne souffrent point que son cœur soit de glace ;
On ne pourrait aussi m'y résoudre, en sa place ;
Et tes regards, sur moi plus forts que tes mépris,
Te sauraient conserver ce que tu m'aurais pris.

Angélique
S'il veut garder encor cette humeur obstinée,
Je puis bien m'empêcher d'en être importunée ;
Feindre un peu de migraine, ou me faire celer,

C'est un moyen bien court de ne lui plus parler :
Mais ce qui m'en déplaît, et qui me désespère,
C'est de perdre la sœur pour éviter le frère,
Et me violenter à fuir ton entretien,
Puisque te voir encor c'est m'exposer au sien.
Du moins, s'il faut quitter cette douce pratique,
Ne mets point en oubli l'amitié d'Angélique,
Et crois que ses effets auront leur premier cours
Aussitôt que ton frère aura d'autres amours.

Phylis
Tu vis d'un air étrange, et presque insupportable.

Angélique
Que toi-même pourtant dois trouver équitable ;
Mais la raison sur toi ne saurait l'emporter ;
Dans l'intérêt d'un frère on ne peut l'écouter.

Phylis
Et par quelle raison négliger son martyre ?

Angélique
Vois-tu, j'aime Alidor, et c'est assez te dire.
Le reste des mortels pourrait m'offrir des vœux,
Je suis aveugle, sourde, insensible pour eux ;
La pitié de leurs maux ne peut toucher mon âme
Que par des sentiments dérobés à ma flamme.
On ne doit point avoir des amants par quartier ;
Alidor a mon cœur, et l'aura tout entier ;
En aimer deux, c'est être à tous deux infidèle.

Phylis
Qu'Alidor seul te rende à tout autre cruelle,
C'est avoir pour le reste un cœur trop endurci.

Angélique

Pour aimer comme il faut, il faut aimer ainsi.

Phylis
Dans l'obstination où je te vois réduite,
J'admire ton amour, et ris de ta conduite.
Fasse état qui voudra de ta fidélité,
Je ne me pique point de cette vanité ;
Et l'exemple d'autrui m'a trop fait reconnaître
Qu'au lieu d'un serviteur c'est accepter un maître.
Quand on n'en souffre qu'un, qu'on ne pense qu'à lui,
Tous autres entretiens nous donnent de l'ennui,
Il nous faut de tout point vivre à sa fantaisie,
Souffrir de son humeur, craindre sa jalousie,
Et de peur que le temps n'emporte ses ferveurs,
Le combler chaque jour de nouvelles faveurs :
Notre âme, s'il s'éloigne, est chagrine, abattue ;
Sa mort nous désespère, et son change nous tue.
Et de quelque douceur que nos feux soient suivis,
On dispose de nous sans prendre notre avis ;
C'est rarement qu'un père à nos goûts s'accommode ;
Et lors, juge quels fruits on a de ta méthode.
Pour moi, j'aime un chacun, et sans rien négliger,
Le premier qui m'en conte a de quoi m'engager :
Ainsi tout contribue à ma bonne fortune ;
Tout le monde me plaît et rien ne m'importune.
De mille que je rends l'un de l'autre jaloux,
Mon cœur n'est à pas un, et se promet à tous ;
Ainsi tous à l'envi s'efforcent à me plaire ;
Tous vivent d'espérance, et briguent leur salaire ;
L'éloignement d'aucun ne saurait m'affliger,
Mille encore présents m'empêchent d'y songer.
Je n'en crains point la mort, je n'en crains point le change
Un monde m'en console aussitôt, ou m'en venge.
Le moyen que de tant et de si différents
Quelqu'un n'ait assez d'heur pour plaire à mes parents ?
Et si quelque inconnu m'obtient d'eux pour maîtresse,

Ne crois pas que j'en tombe en profonde tristesse ;
Il aura quelques traits de tant que je chéris,
Et je puis avec joie accepter tous maris.

Angélique

Voilà fort plaisamment tailler cette matière,
Et donner à ta langue une libre carrière ;
Ce grand flux de raisons dont tu viens m'attaquer
Est bon à faire rire, et non à pratiquer.
Simple ! tu ne sais pas ce que c'est que tu blâmes,
Et ce qu'a de douceurs l'union de deux âmes ;
Tu n'éprouvas jamais de quels contentements
Se nourrissent les feux des fidèles amants.
Qui peut en avoir mille en est plus estimée ;
Mais qui les aime tous de pas un n'est aimée ;
Elle voit leur amour soudain se dissiper.
Qui veut tout retenir laisse tout échapper.

Phylis

Défais-toi, défais-toi de tes fausses maximes ;
Ou si ces vieux abus te semblent légitimes,
Si le seul Alidor te plaît dessous les cieux,
Conserve-lui ton cœur, mais partage tes yeux :
De mon frère par là soulage un peu les plaies ;
Accorde un faux remède à des douleurs si vraies ;
Feins, déguise avec lui, trompe-le par pitié,
Ou du moins par vengeance et par inimitié.

Angélique

Le beau prix qu'il aurait de m'avoir tant chérie,
Si je ne le payais que d'une tromperie !
Pour salaire des maux qu'il endure en m'aimant,
Il aura qu'avec lui je vivrai franchement.

Phylis

Franchement, c'est-à-dire avec mille rudesses

Le mépriser, le fuir, et par quelques adresses
Qu'il tâche d'adoucir... Quoi, me quitter ainsi
Et sans me dire adieu ! le sujet ?

Scène II

Doraste, Phylis

Doraste
Le voici.
Ma sœur, ne cherche plus une chose trouvée :
Sa fuite n'est l'effet que de mon arrivée ;
Ma présence la chasse, et son muet départ
A presque devancé son dédaigneux regard.

Phylis
Juge par là quels fruits produit mon entremise.
Je m'acquitte des mieux de la charge commise ;
Je te fais plus parfait mille fois que tu n'es :
Ton feu ne peut aller au point où je le mets ;
J'invente des raisons à combattre sa haine ;
Je blâme, flatte, prie, et perds toujours ma peine,
En grand péril d'y perdre encor son amitié,
Et d'être en tes malheurs avec toi de moitié.

Doraste
Ah ! tu ris de mes maux.

Phylis
Que veux-tu que je fasse ?
Ris des miens, si jamais tu me vois en ta place.
Que serviraient mes pleurs ? Veux-tu qu'à tes tourments
J'ajoute la pitié de mes ressentiments ?
Après mille mépris qu'a reçus ta folie,
Tu n'es que trop chargé de ta mélancolie ;
Si j'y joignais la mienne, elle t'accablerait,

Et de mon déplaisir le tien redoublerait ;
Contraindre mon humeur me serait un supplice
Qui me rendrait moins propre à te faire service.
Vois-tu ? par tous moyens je te veux soulager ;
Mais j'ai bien plus d'esprit que de m'en affliger.
Il n'est point de douleur si forte en un courage
Qui ne perde sa force auprès de mon visage ;
C'est toujours de tes maux autant de rabattu :
Confesse, ont-ils encor le pouvoir qu'ils ont eu ?
Ne sens-tu point déjà ton âme un peu plus gaie ?

Doraste
Tu me forces à rire en dépit que j'en aie.
Je souffre tout de toi, mais à condition
D'employer tous tes soins à mon affection.
Dis-moi par quelle ruse il faut…

Phylis
Rentrons, mon frère :
Un de mes amants vient, qui pourrait nous distraire.

Scène III

Cléandre
Que je dois bien faire pitié
De souffrir les rigueurs d'un sort si tyrannique !
J'aime Alidor, j'aime Angélique ;
Mais l'amour cède à l'amitié,
Et jamais on n'a vu sous les lois d'une belle
D'amant si malheureux, ni d'ami si fidèle.
Ma bouche ignore mes désirs,
Et de peur de se voir trahi par imprudence,
Mon cœur n'a point de confidence
Avec mes yeux ni mes soupirs :
Tous mes vœux sont muets, et l'ardeur de ma flamme
S'enferme tout entière au-dedans de mon âme.
Je feins d'aimer en d'autres lieux ;
Et pour en quelque sorte alléger mon supplice,
Je porte du moins mon service
À celle qu'elle aime le mieux.
Phylis, à qui j'en conte, a beau faire la fine ;
Son plus charmant appas, c'est d'être sa voisine.
Esclave d'un œil si puissant,
Jusque-là seulement me laisse aller ma chaîne,
Trop récompensé, dans ma peine,
D'un de ses regards en passant.
Je n'en veux à Phylis que pour voir Angélique,
Et mon feu, qui vient d'elle, auprès d'elle s'explique.
Ami, mieux aimé mille fois,
Faut-il, pour m'accabler de douleurs infinies,
Que nos volontés soient unies
Jusqu'à faire le même choix ?
Viens quereller mon cœur d'avoir tant de faiblesse

Que de se laisser prendre au même œil qui te blesse.
Mais plutôt vois te préférer
À celle que le tien préfère à tout le monde,
Et ton amitié sans seconde
N'aura plus de quoi murmurer.
Ainsi je veux punir ma flamme déloyale ;
Ainsi...

Scène IV

Alidor, Cléandre

Alidor
Te rencontrer dans la place Royale,
Solitaire, et si près de ta douce prison,
Montre bien que Phylis n'est pas à la maison.

Cléandre
Mais voir de ce côté ta démarche avancée
Montre bien qu'Angélique est fort dans ta pensée.

Alidor
Hélas ! c'est mon malheur ! son objet trop charmant,
Quoi que je puisse faire, y règne absolument.

Cléandre
De ce pouvoir peut-être elle use en inhumaine ?

Alidor
Rien moins, et c'est par là que redouble ma peine :
Ce n'est qu'en m'aimant trop qu'elle me fait mourir ;
Un moment de froideur, et je pourrais guérir ;
Une mauvaise œillade, un peu de jalousie,
Et j'en aurais soudain passé ma fantaisie :
Mais las ! elle est parfaite, et sa perfection
N'approche point encor de son affection ;
Point de refus pour moi, point d'heures inégales ;
Accablé de faveurs à mon repos fatales,
Sitôt qu'elle voit jour à d'innocents plaisirs,
Je vois qu'elle devine et prévient mes désirs ;

Et si j'ai des rivaux, sa dédaigneuse vue
Les désespère autant que son ardeur me tue.

Cléandre
Vit-on jamais amant de la sorte enflammé,
Qui se tînt malheureux pour être trop aimé ?

Alidor
Comptes-tu mon esprit entre les ordinaires ?
Penses-tu qu'il s'arrête aux sentiments vulgaires ?
Les règles que je suis ont un air tout divers ;
Je veux la liberté dans le milieu des fers.
Il ne faut point servir d'objet qui nous possède ;
Il ne faut point nourrir d'amour qui ne nous cède ;
Je le hais, s'il me force : et quand j'aime, je veux
Que de ma volonté dépendent tous mes vœux ;
Que mon feu m'obéisse, au lieu de me contraindre ;
Que je puisse à mon gré l'enflammer et l'éteindre,
Et toujours en état de disposer de moi,
Donner, quand il me plaît, et retirer ma foi.
Pour vivre de la sorte Angélique est trop belle :
Mes pensers ne sauraient m'entretenir que d'elle ;
Je sens de ses regards mes plaisirs se borner ;
Mes pas d'autre côté n'oseraient se tourner,
Et de tous mes soucis la liberté bannie
Me soumet en esclave à trop de tyrannie.
J'ai honte de souffrir les maux dont je me plains,
Et d'éprouver ses yeux plus forts que mes desseins.
Je n'ai que trop langui sous de si rudes gênes ;
À tel prix que ce soit, il faut rompre mes chaînes,
De crainte qu'un hymen, m'en ôtant le pouvoir,
Fît d'un amour par force un amour par devoir.

Cléandre
Crains-tu de posséder un objet qui te charme ?

Alidor
Ne parle point d'un nœud dont le seul nom m'alarme.
J'idolâtre Angélique : elle est belle aujourd'hui,
Mais sa beauté peut-elle autant durer que lui ?
Et pour peu qu'elle dure, aucun me peut-il dire
Si je pourrai l'aimer jusqu'à ce qu'elle expire ?
Du temps, qui change tout, les révolutions
Ne changent-elles pas nos résolutions ?
Est-ce une humeur égale et ferme que la nôtre ?
N'a-t-on point d'autres goûts en un âge qu'en l'autre ?
Juge alors le tourment que c'est d'être attaché,
Et de ne pouvoir rompre un si fâcheux marché.
Cependant Angélique, à force de me plaire,
Me flatte doucement de l'espoir du contraire ;
Et si d'autre façon je ne me sais garder,
Je sens que ses attraits m'en vont persuader.
Mais puisque son amour me donne tant de peine,
Je la veux offenser pour acquérir sa haine,
Et mériter enfin un doux commandement
Qui prononce l'arrêt de mon bannissement.
Ce remède est cruel, mais pourtant nécessaire :
Puisqu'elle me plaît trop, il me faut lui déplaire.
Tant que j'aurai chez elle encor le moindre accès,
Mes desseins de guérir n'auront point de succès.

Cléandre
Étrange humeur d'amant !

Alidor
Étrange, mais utile.
Je me procure un mal pour en éviter mille.

Cléandre
Tu ne prévois donc pas ce qui t'attend de maux,
Quand un rival aura le fruit de tes travaux ?
Pour se venger de toi, cette belle offensée

Sous les lois d'un mari sera bientôt passée ;
Et lors, que de soupirs et de pleurs répandus
Ne te rendront aucun de tant de biens perdus !

Alidor
Dis mieux, que pour rentrer dans mon indifférence,
Je perdrai mon amour avec mon espérance,
Et qu'y trouvant alors sujet d'aversion,
Ma liberté naîtra de ma punition.

Cléandre
Après cette assurance, ami, je me déclare.
Amoureux dès longtemps d'une beauté si rare,
Toi seul de la servir me pouvais empêcher ;
Et je n'aimais Phylis que pour m'en approcher.
Souffre donc maintenant que pour mon allégeance,
Je prenne, si je puis, le temps de sa vengeance ;
Que des ressentiments qu'elle aura contre toi
Je tire un avantage en lui portant ma foi,
Et que cette colère en son âme conçue
Puisse de mes désirs faciliter l'issue.

Alidor
Si ce joug inhumain, ce passage trompeur,
Ce supplice éternel, ne te fait point de peur,
À moi ne tiendra pas que la beauté que j'aime
Ne me quitte bientôt pour un autre moi-même.
Tu portes en bon lieu tes désirs amoureux ;
Mais songe que l'hymen fait bien des malheureux.

Cléandre
J'en veux bien faire essai ; mais d'ailleurs, quand j'y pense,
Peut-être seulement le nom d'époux t'offense,
Et tu voudrais qu'un autre...

Alidor

Ami, que me dis-tu ?
Connais mieux Angélique et sa haute vertu ;
Et sache qu'une fille a beau toucher mon âme,
Je ne la connais plus dès l'heure qu'elle est femme.
De mille qu'autrefois tu m'as vu caresser,
En pas une un mari pouvait-il s'offenser ?
J'évite l'apparence autant comme le crime ;
Je fuis un compliment qui semble illégitime ;
Et le jeu m'en déplaît, quand on fait à tous coups
Causer un médisant, et rêver un jaloux.
Encor que dans mon feu mon cœur ne s'intéresse,
Je veux pouvoir prétendre où ma bouche l'adresse,
Et garder, si je puis, parmi ces fictions,
Un renom aussi pur que mes intentions.
Ami, soupçon à part, et sans plus de réplique,
Si tu veux en ma place être aimé d'Angélique,
Allons tout de ce pas ensemble imaginer
Les moyens de la perdre et de te la donner,
Et quelle invention sera la plus aisée.

Cléandre
Allons. Ce que j'ai dit n'était que par risée.

Acte II

Scène première

Angélique, Polymas
Angélique, tenant une lettre ouverte.
De cette trahison ton maître est donc l'auteur ?

Polymas
Assez imprudemment il m'en fait le porteur.
Comme il se rend par là digne qu'on le prévienne,
Je veux bien en faire une en haine de la sienne ;
Et mon devoir, mal propre à de si lâches coups,
Manque aussitôt vers lui que son amour vers vous.

Angélique
Contre ce que je vois le mien encor s'obstine.
Qu'Alidor ait écrit cette lettre à Clarine !
Et qu'ainsi d'Angélique il se voulût jouer !

Polymas
Il n'aura pas le front de le désavouer.
Opposez-lui ces traits, battez-le de ses armes ;
Pour s'en pouvoir défendre il lui faudrait des charmes ;
Mais surtout cachez-lui ce que je fais pour vous,
Et ne m'exposez point aux traits de son courroux ;
Que je vous puisse encor trahir son artifice,
Et pour mieux vous servir, rester à son service.

Angélique
Rien ne m'échappera qui te puisse toucher ;
Je sais ce qu'il faut dire, et ce qu'il faut cacher.

Polymas

Feignez d'avoir reçu ce billet de Clarine,
Et que...

Angélique
Ne m'instruis point, et va, qu'il ne devine.

Polymas
Mais...

Angélique
Ne réplique plus, et va-t'en.

Polymas
J'obéis.

Angélique, *seule.*
Mes feux, il est donc vrai que l'on vous a trahis ?
Et ceux dont Alidor montrait son âme atteinte
Ne sont plus que fumée, ou n'étaient qu'une feinte ?
Que la foi des amants est un gage pipeur !
Que leurs serments sont vains, et notre espoir trompeur !
Qu'on est peu dans leur cœur pour être dans leur bouche !
Et que malaisément on sait ce qui les touche !
Mais voici l'infidèle. Ah ! qu'il se contraint bien !

Scène II

Alidor, Angélique

Alidor
Puis-je avoir un moment de ton cher entretien ?
Mais j'appelle un moment, de même qu'une année
Passe entre deux amants pour moins qu'une journée.

Angélique
Avec de tels discours oses-tu m'aborder,
Perfide, et sans rougir peux-tu me regarder ?
As-tu cru que le ciel consentît à ma perte,
Jusqu'à souffrir encor ta lâcheté couverte ?
Apprends, perfide, apprends que je suis hors d'erreur ;
Tes yeux ne me sont plus que des objets d'horreur.
Je ne suis plus charmée ; et mon âme, plus saine,
N'eût jamais tant d'amour qu'elle a pour toi de haine.

Alidor
Voilà me recevoir avec des compliments
Qui seraient pour tout autre un peu moins que charmants.
Quel en est le sujet ?

Angélique
Le sujet ? lis, parjure ;
Et puis accuse-moi de te faire une injure !

Alidor *lit la lettre entre les mains d'Angélique.*
Lettre supposée d'Alidor à Clarine.
Clarine, je suis tout à vous ;
Ma liberté vous rend les armes :

Angélique n'a point de charmes
Pour me défendre de vos coups ;
Ce n'est qu'une idole mouvante ;
Ses yeux sont sans vigueur, sa bouche sans appas :
Alors que je l'aimais, je ne la connus pas ;
Et de quelques attraits que ce monde vous vante,
Vous devez mes affections
Autant à ses défauts qu'à vos perfections.

Angélique
Eh bien, ta perfidie est-elle en évidence ?

Alidor
Est-ce là tant de quoi ?

Angélique
Tant de quoi ? l'impudence !
Après mille serments il me manque de foi,
Et me demande encor si c'est là tant de quoi !
Change, si tu le veux ; je n'y perds qu'un volage :
Mais en m'abandonnant, laisse en paix mon visage ;
Oublie avec ta foi ce que j'ai de défauts ;
N'établis point tes feux sur le peu que je vaux ;
Fais que, sans m'y mêler, ton compliment s'explique,
Et ne le grossis point du mépris d'Angélique.

Alidor
Deux mots de vérité vous mettent bien aux champs.

Angélique
Ciel, tu ne punis point des hommes si méchants !
Ce traître vit encore, il me voit, il respire,
Il m'affronte, il l'avoue, il rit quand je soupire.

Alidor
Vraiment le ciel a tort de ne vous pas donner,

Lorsque vous tempêtez, sa foudre à gouverner ;
Il devrait avec vous être d'intelligence.
(Angélique déchire la lettre et en jette les morceaux, et Ali-
dor continue.)
Le digne et grand objet d'une haute vengeance !
Vous traitez du papier avec trop de rigueur.

Angélique
Que n'en puis-je autant faire à ton perfide cœur !

Alidor
Qui ne vous flatte point puissamment vous irrite.
Pour dire franchement votre peu de mérite,
Commet-on des forfaits si grands et si nouveaux
Qu'on doive tout à l'heure être mis en morceaux ?
Si ce crime autrement ne saurait se remettre,
(Il lui présente aux yeux un miroir qu'elle porte à sa cein-
ture.)
Cassez ; ceci vous dit encor pis que ma lettre.

Angélique
S'il me dit mes défauts autant ou plus que toi,
Déloyal, pour le moins il n'en dit rien qu'à moi :
C'est dedans son cristal que je les étudie ;
Mais après il s'en tait, et moi j'y remédie.
Il m'en donne un avis sans me les reprocher,
Et, me les découvrant, il m'aide à les cacher.

Alidor
Vous êtes en colère, et vous dites des pointes ?
Ne présumiez-vous point que j'irais, à mains jointes,
Les yeux enflés de pleurs et le cœur de soupirs,
Vous faire offre à genoux de mille repentirs ?
Que vous êtes à plaindre, étant si fort déçue !

Angélique

Insolent ! ôte-toi pour jamais de ma vue.

Alidor
Me défendre vos yeux après mon changement,
Appelez-vous cela du nom de châtiment ?
Ce n'est que me bannir du lieu de mon supplice ;
Et ce commandement est si plein de justice,
Que, bien que je renonce à vivre sous vos lois,
Je vais vous obéir pour la dernière fois.

Scène III

Angélique
Commandement honteux, où ton obéissance
N'est qu'un signe trop clair de mon peu de puissance,
Où ton bannissement a pour toi des appas,
Et me devient cruel de ne te l'être pas !
À quoi se résoudra désormais ma colère,
Si ta punition te tient lieu de salaire ?
Que mon pouvoir me nuit ! et qu'il m'est cher vendu !
Voilà ce que me vaut d'avoir trop attendu :
Je devais prévenir ton outrageux caprice ;
Mon bonheur dépendait de te faire injustice.
Je chasse un fugitif avec trop de raison,
Et lui donne les champs quand il rompt sa prison.
Ah ! que n'ai-je eu des bras à suivre mon courage !
Qu'il m'eût bien autrement réparé cet outrage !
Que j'eusse retranché de ses propos railleurs !
Le traître n'eût jamais porté son cœur ailleurs ;
Puisqu'il m'était donné, je m'en fusse saisie ;
Et sans prendre conseil que de ma jalousie,
Puisqu'un autre portrait en efface le mien,
Cent coups auraient chassé ce voleur de mon bien.
Vains projets, vains discours, vaine et fausse allégeance !
Et mes bras et son cœur manquent à ma vengeance !
Ciel, qui m'en vois donner de si justes sujets,
Donne-m'en des moyens, donne-m'en des objets.
Où me dois-je adresser ? qui doit porter sa peine ?
Qui doit à son défaut m'éprouver inhumaine ?
De mille désespoirs mon cœur est assailli ;
Je suis seule punie, et je n'ai point failli.
Mais j'ose faire au ciel une injuste querelle ;

Je n'ai que trop failli d'aimer un infidèle,
De recevoir un traître, un ingrat, sous ma loi,
Et trouver du mérite en qui manquait de foi.
Ciel, encore une fois, écoute mon envie :
Ôte-m'en la mémoire, ou le prive de vie ;
Fais que de mon esprit je puisse le bannir,
Ou ne l'avoir que mort dedans mon souvenir !
Que je m'anime en vain contre un objet aimable !
Tout criminel qu'il est, il me semble adorable ;
Et mes souhaits, qu'étouffe un soudain repentir,
En demandant sa mort n'y sauraient consentir.
Restes impertinents d'une flamme insensée,
Ennemis de mon heur, sortez de ma pensée,
Ou si vous m'en peignez encore quelques traits,
Laissez là ses vertus, peignez-moi ses forfaits.

Scène IV

Angélique, Phylis

Angélique
Le croirais-tu, Phylis ? Alidor m'abandonne.

Phylis
Pourquoi non ? Je n'y vois rien du tout qui m'étonne,
Rien qui ne soit possible, et de plus fort commun.
La constance est un bien qu'on ne voit en pas un.
Tout change sous les cieux, mais partout bon remède.

Angélique
Le ciel n'en a point fait au mal qui me possède.

Phylis
Choisis de mes amants, sans t'affliger si fort,
Et n'appréhende pas de me faire grand tort ;
J'en pourrais, au besoin, fournir toute la ville,
Qu'il m'en demeurerait encor plus de deux mille.

Angélique
Tu me ferais mourir avec de tels propos ;
Ah ! laisse-moi plutôt soupirer en repos,
Ma sœur.

Phylis
Plût au bon Dieu que tu voulusses l'être !

Angélique
Eh quoi ! tu ris encor ! C'est bien faire paraître...

Phylis
Que je ne saurais voir d'un visage affligé
Ta cruauté punie, et mon frère vengé.
Après tout, je connais quelle est ta maladie :
Tu vois comme Alidor est plein de perfidie ;
Mais je mets dans deux jours ma tête à l'abandon
Au cas qu'un repentir n'obtienne son pardon.

Angélique
Après que cet ingrat me quitte pour Clarine ?

Phylis
De le garder longtemps elle n'a pas la mine ;
Et j'estime si peu ces nouvelles amours,
Que je te pleige encor son retour dans deux jours ;
Et lors ne pense pas, quoi que tu te proposes,
Que de tes volontés devant lui tu disposes.
Prépare tes dédains, arme-toi de rigueur,
Une larme, un soupir te percera le cœur ;
Et je serai ravie alors de voir vos flammes
Brûler mieux que devant, et rejoindre vos âmes.
Mais j'en crains un succès à ta confusion :
Qui change une fois change à toute occasion ;
Et nous verrons toujours, si Dieu le laisse vivre,
Un change, un repentir, un pardon, s'entre-suivre.
Ce dernier est souvent l'amorce d'un forfait,
Et l'on cesse de craindre un courroux sans effet.

Angélique
Sa faute a trop d'excès pour être rémissible,
Ma sœur ; je ne suis pas de la sorte insensible :
Et si je présumais que mon trop de bonté
Pût jamais se résoudre à cette lâcheté,
Qu'un si honteux pardon pût suivre cette offense,
J'en préviendrais le coup, m'en ôtant la puissance.

Adieu : dans la colère où je suis aujourd'hui,
J'accepterais plutôt un barbare que lui.

Scène V

Phylis, Doraste

Phylis
Il faut donc se hâter qu'elle ne refroidisse.
(Elle frappe du pied à la porte de son logis et fait sortir son frère.)
Frère, quelque inconnu t'a fait un bon office :
Il ne tiendra qu'à toi d'être un second Médor ;
On a fait qu'Angélique...

Doraste
Eh bien ?

Phylis
Hait Alidor.

Doraste
Elle hait Alidor ! Angélique !

Phylis
Angélique.

Doraste
D'où lui vient cette humeur ? qui les a mis en pique ?

Phylis
Si tu prends bien ton temps, il y fait bon pour toi.
Va, ne t'amuse point à savoir le pourquoi ;
Parle au père d'abord ; tu sais qu'il te souhaite ;
Et s'il ne s'en dédit, tiens l'affaire pour faite.

Doraste
Bien qu'un si bon avis ne soit à mépriser,
Je crains...

Phylis
Lysis m'aborde, et tu me veux causer !
Entre chez Angélique, et pousse ta fortune :
Quand je vois un amant, un frère m'importune.

Scène VI

Lysis, Phylis

Lysis
Comme vous le chassez !

Phylis
Qu'eût-il fait avec nous ?
Mon entretien sans lui te semblera plus doux ;
Tu pourras t'expliquer avec moins de contrainte,
Me conter de quels feux tu te sens l'âme atteinte,
Et ce que tu croiras propre à te soulager.
Regarde maintenant si je sais t'obliger.

Lysis
Cette obligation serait bien plus extrême,
Si vous vouliez traiter tous mes rivaux de même ;
Et vous feriez bien plus pour mon contentement,
De souffrir avec vous vingt frères qu'un amant.

Phylis
Nous sommes donc, Lysis, d'une humeur bien contraire :
J'y souffrirais plutôt cinquante amants qu'un frère ;
Et puisque nos esprits ont si peu de rapport,
Je m'étonne comment nous nous aimons si fort.

Lysis
Vous êtes ma maîtresse, et mes flammes discrètes
Doivent un tel respect aux lois que vous me faites,
Que pour leur obéir mes sentiments domptés
N'osent plus se régler que sur vos volontés.

Phylis
J'aime des serviteurs qui pour une maîtresse
Souffrent ce qui leur nuit, aiment ce qui les blesse.
Si tu vois quelque jour tes feux récompensés,
Souviens-toi... Qu'est-ce-ci ? Cléandre, vous passez ?
(Cléandre va pour entrer chez Angélique, et Phylis l'arrête.)

Scène VII

Cléandre, Phylis, Lysis

Cléandre
Il me faut bien passer, puisque la place est prise.

Phylis
Venez ; cette raison est de mauvaise mise.
D'un million d'amants je puis flatter les vœux,
Et n'aurais pas l'esprit d'en entretenir deux ?
Sortez de cette erreur, et souffrant ce partage,
Ne faites pas ici l'entendu davantage.

Cléandre
Le moyen que je sois insensible à ce point ?

Phylis
Quoi ! pour l'entretenir, ne vous aimé-je point ?

Cléandre
Encor que votre ardeur à la mienne réponde,
Je ne veux plus d'un bien commun à tout le monde.

Phylis
Si vous nommez ma flamme un bien commun à tous,
Je n'aime, pour le moins, personne plus que vous ;
Cela vous doit suffire.

Cléandre
Oui bien, à des volages
Qui peuvent en un jour adorer cent visages ;

Mais ceux dont un objet possède tous les soins,
Se donnant tous entiers, n'en méritent pas moins.

Phylis
De vrai, si vous valiez beaucoup plus que les autres,
Je devrais dédaigner leurs vœux auprès des vôtres ;
Mais mille aussi bien faits ne sont pas mieux traités,
Et ne murmurent point contre mes volontés.
Est-ce à moi, s'il vous plaît, de vivre à votre mode ?
Votre amour, en ce cas, serait fort incommode :
Loin de la recevoir, vous me feriez la loi.
Qui m'aime de la sorte, il s'aime, et non pas moi.

Lysis, *à Cléandre.*
Persiste en ton humeur, je te prie, et conseille
À tous nos concurrents d'en prendre une pareille.

Cléandre
Tu seras bientôt seul, s'ils veulent m'imiter.
Quoi donc ! c'est tout de bon que tu me veux quitter ?
Tu ne dis mot, rêveur, et pour toute réplique,
Tu tournes tes regards du côté d'Angélique :
Est-elle donc l'objet de tes légèretés ?
Veux-tu faire d'un coup deux infidélités,
Et que dans mon offense Alidor s'intéresse ?
Cléandre, c'est assez de trahir ta maîtresse ;
Dans ta nouvelle flamme épargne tes amis,
Et ne l'adresse point en lieu qui soit promis.

Cléandre
De la part d'Alidor je vais voir cette belle ;
Laisse-m'en avec lui démêler la querelle,
Et ne t'informe point de mes intentions.

Phylis
Puisqu'il me faut résoudre en mes afflictions,

Et que pour te garder j'ai trop peu de mérite,
Du moins, avant l'adieu, demeurons quitte à quitte ;
Que ce que j'ai du tien je te le rende ici :
Tu m'as offert des vœux, que je t'en offre aussi,
Et faisons entre nous toutes choses égales.

Lysis
Et moi, durant ce temps, je garderai les balles ?

Phylis
Je te donne congé d'une heure, si tu veux.

Lysis
Je l'accepte, au hasard de le prendre pour deux.

Phylis
Pour deux, pour quatre, soit ; ne crains pas qu'il m'ennuie.

Scène VIII

Cléandre, Phylis

Phylis *arrête Cléandre, qui tâche de s'échapper pour entrer chez Angélique.*
Mais je ne consens pas cependant qu'on me fuie ;
Tu perds temps d'y tâcher, si tu n'as mon congé.
Inhumain ! est-ce ainsi que je t'ai négligé ?
Quand tu m'offrais des vœux, prenais-je ainsi la fuite,
Et rends-tu la pareille à ma juste poursuite ?
Avec tant de douceur tu te vis écouter,
Et tu tournes le dos quand je t'en veux conter !

Cléandre
Va te jouer d'un autre avec tes railleries ;
J'ai l'oreille mal faite à ces galanteries :
Ou cesse de m'aimer, ou n'aime plus que moi.

Phylis
Je ne t'impose pas une si dure loi ;
Avec moi, si tu veux, aime toute la terre,
Sans craindre que jamais je t'en fasse la guerre.
Je reconnais assez mes imperfections ;
Et quelque part que j'aie en tes affections,
C'est encor trop pour moi ; seulement ne rejette
La parfaite amitié d'une fille imparfaite.

Cléandre
Qui te rend obstinée à me persécuter ?

Phylis

Qui te rend si cruel que de me rebuter ?

Cléandre
Il faut que de tes mains un adieu me délivre.

Phylis
Si tu sais t'en aller, je saurai bien te suivre ;
Et quelque occasion qui t'amène en ces lieux,
Tu ne lui diras pas grand secret à mes yeux.
Je suis plus incommode encor qu'il ne te semble.
Parlons plutôt d'accord, et composons ensemble.
Hier un peintre excellent m'apporta mon portrait :
Tandis qu'il t'en demeure encore quelque trait,
Qu'encor tu me connais, et que de ta pensée
Mon image n'est pas tout à fait effacée,
Ne m'en refuse point ton petit jugement.

Cléandre
Je le tiens pour bien fait.

Phylis
Plains-tu tant un moment ?
Et m'attachant à toi, si je te désespère,
À ce prix trouves-tu ta liberté trop chère ?

Cléandre
Allons, puisque autrement je ne te puis quitter,
À tel prix que ce soit il me faut racheter.

Acte III

Scène première

Phylis, Cléandre

Cléandre
En ce point il ressemble à ton humeur volage,
Qu'il reçoit tout le monde avec même visage ;
Mais d'ailleurs ce portrait ne te ressemble pas,
En ce qu'il ne dit mot et ne suit point mes pas.

Phylis
En quoi que désormais ma présence te nuise,
La civilité veut que je te reconduise.

Cléandre
Mets enfin quelque borne à ta civilité,
Et suivant notre accord me laisse en liberté.

Scène II

Doraste, Phylis, Cléandre

Doraste *sort de chez Angélique.*
Tout est gagné, ma sœur ; la belle m'est acquise :
Jamais occasion ne se trouva mieux prise ;
Je possède Angélique.

Cléandre
Angélique ?

Doraste
Oui, tu peux
Avertir Alidor du succès de mes vœux,
Et qu'au sortir du bal, que je donne chez elle,
Demain un sacré nœud m'unit à cette belle ;
Dis-lui qu'il s'en console. Adieu : je vais pourvoir
À tout ce qu'il me faut préparer pour ce soir.

Phylis
Ce soir j'ai bien la mine, en dépit de ta glace,
D'en trouver là cinquante à qui donner ta place.
Va-t'en, si bon te semble, ou demeure en ces lieux ;
Je ne t'arrêtais pas ici pour tes beaux yeux ;
Mais jusqu'à maintenant j'ai voulu te distraire,
De peur que ton abord interrompît mon frère.
Quelque fin que tu sois, tiens-toi pour affiné.

Scène III

Cléandre
Ciel ! à tant de malheurs m'aviez-vous destiné ?
Faut-il que d'un dessein si juste que le nôtre
La peine soit pour nous, et les fruits pour un autre ?
Et que notre artifice ait si mal succédé,
Qu'il me dérobe un bien qu'Alidor m'a cédé ?
Officieux ami d'un amant déplorable,
Que tu m'offres en vain cet objet adorable !
Qu'en vain de m'en saisir ton adresse entreprend !
Ce que tu m'as donné, Doraste le surprend.
Tandis qu'il me supplante, une sœur me cajole ;
Elle me tient les mains cependant qu'il me vole.
On me joue, on me brave, on me tue, on s'en rit.
L'un me vante son heur, l'autre son trait d'esprit.
L'un et l'autre à la fois me perd, me désespère,
Et je puis épargner ou la sœur ou le frère !
Être sans Angélique, et sans ressentiment !
Avec si peu de cœur aimer si puissamment !
Cléandre, est-ce un forfait que l'ardeur qui te presse ?
Craignais-tu d'avouer une telle maîtresse ?
Et cachais-tu l'excès de ton affection
Par honte, par dépit, ou par discrétion ?
Pouvais-tu désirer occasion plus belle
Que le nom d'Alidor à venger ta querelle ?
Si pour tes feux cachés tu n'oses t'émouvoir,
Laisse leurs intérêts ; suis ceux de ton devoir.
On supplante Alidor, du moins en apparence,
Et sans ressentiment tu souffres cette offense !
Ton courage est muet, et ton bras endormi !
Pour être amant discret, tu parais lâche ami !

C'est trop abandonner ta renommée au blâme ;
Il faut sauver d'un coup ton honneur et ta flamme,
Et l'un et l'autre ici marchent d'un pas égal :
Soutenant un ami, tu t'ôtes un rival.
Ne diffère donc plus ce que l'honneur commande,
Et lui gagne Angélique, afin qu'il te la rende.
Il faut...

Scène IV

Alidor, Cléandre

Alidor
Eh bien, Cléandre, ai-je su t'obliger ?

Cléandre
Pour m'avoir obligé, que je vais t'affliger !
Doraste a pris le temps des dépits d'Angélique.

Alidor
Après ?

Cléandre
Après cela tu veux que je m'explique ?

Alidor
Qu'en a-t-il obtenu ?

Cléandre
Par-delà son espoir ;
Il l'épouse demain, lui donne bal ce soir,
Juge, juge par là si mon mal est extrême.

Alidor
En es-tu bien certain ?

Cléandre
J'ai tout su de lui-même.

Alidor

Que je serais heureux si je ne t'aimais point !
Ton malheur aurait mis mon bonheur à son point ;
La prison d'Angélique aurait rompu la mienne.
Quelque empire sur moi que son visage obtienne,
Ma passion fût morte avec sa liberté ;
Et trop vain pour souffrir qu'en sa captivité
Les restes d'un rival m'eussent enchaîné l'âme,
Les feux de son hymen auraient éteint ma flamme.
Pour forcer sa colère à de si doux effets,
Quels efforts, cher ami, ne me suis-je point faits !
Malgré tout mon amour, prendre un orgueil farouche,
L'adorer dans le cœur, et l'outrager de bouche ;
J'ai souffert ce supplice, et me suis feint léger,
De honte et de dépit de ne pouvoir changer.
Et je vois, près du but où je voulais prétendre,
Les fruits de mon travail n'être pas pour Cléandre !
À ces conditions mon bonheur me déplaît.
Je ne puis être heureux, si Cléandre ne l'est.
Ce que je t'ai promis ne peut être à personne ;
Il faut que je périsse, ou que je te le donne.
J'aurais trop de moyens de te garder ma foi ;
Et malgré les destins Angélique est à toi.

Cléandre
Ne trouble point pour moi le repos de ton âme ;
Il t'en coûterait trop pour avancer ma flamme.
Sans que ton amitié fasse un second effort,
Voici de qui j'aurai ma maîtresse ou la mort.
Si Doraste a du cœur, il faut qu'il la défende,
Et que l'épée au poing il la gagne ou la rende.

Alidor
Simple ! par le chemin que tu penses tenir,
Tu la lui peux ôter, mais non pas l'obtenir.
La suite des duels ne fut jamais plaisante :
C'était, ces jours passés, ce que disait Théante.

Je veux prendre un moyen et plus court et plus seur,
Et sans aucun péril t'en rendre possesseur.
Va-t'en donc, et me laisse auprès de ta maîtresse
De mon reste d'amour faire jouer l'adresse.

Cléandre
Cher ami...

Alidor
Va-t'en, dis-je, et par tes compliments
Cesse de t'opposer à tes contentements ;
Désormais en ces lieux tu ne fais que me nuire.

Cléandre
Je vais donc te laisser ma fortune à conduire.
Adieu. Puissé-je avoir les moyens à mon tour
De faire autant pour toi que toi pour mon amour !

Alidor, *seul.*
Que pour ton amitié je vais souffrir de peine !
Déjà presque échappé, je rentre dans ma chaîne.
Il faut encore un coup, m'exposant à ses yeux,
Reprendre de l'amour, afin d'en donner mieux.
Mais reprendre un amour dont je veux me défaire,
Qu'est-ce qu'à mes desseins un chemin tout contraire ?
Allons-y toutefois, puisque je l'ai promis :
Et que la peine est douce à qui sert ses amis.

Scène V

Angélique, *dans son cabinet.*
Quel malheur partout m'accompagne !
Qu'un indiscret hymen me venge à mes dépens !
Que de pleurs en vain je répands,
Moins pour ce que je perds que pour ce que je gagne !
L'un m'est plus doux que l'autre, et j'ai moins de tourment
Du crime d'Alidor que de son châtiment.
Ce traître alluma donc ma flamme !
Je puis donc consentir à ces tristes accords !
Hélas ! par quelques vains efforts
Que je me fasse jour jusqu'au fond de mon âme,
J'y trouve seulement, afin de me punir,
Le dépit du passé, l'horreur de l'avenir.

Scène VI

Angélique, Alidor

Angélique
Où viens-tu, déloyal ? avec quelle impudence
Oses-tu redoubler mes maux par ta présence ?
Qui te donne le front de surprendre mes pleurs ?
Cherches-tu de la joie à même mes douleurs ?
Et peux-tu conserver une âme assez hardie
Pour voir ce qu'à mon cœur coûte ta perfidie ?
Après que tu m'as fait un insolent aveu
De n'avoir plus pour moi ni de foi ni de feu,
Tu te mets à genoux, et tu veux, misérable,
Que ton feint repentir m'en donne un véritable ?
Va, va, n'espère rien de tes submissions ;
Porte-les à l'objet de tes affections ;
Ne me présente plus les traits qui m'ont déçue ;
N'attaque point mon cœur en me blessant la vue.
Penses-tu que je sois, après ton changement,
Ou sans ressouvenir, ou sans ressentiment ?
S'il te souvient encor de ton brutal caprice,
Dis-moi, que viens-tu faire au lieu de ton supplice ?
Garde un exil si cher à tes légèretés.
Je ne veux plus savoir de toi mes vérités.
Quoi ! tu ne me dis mot ! Crois-tu que ton silence
Puisse de tes discours réparer l'insolence ?
Des pleurs effacent-ils un mépris si cuisant ?
Et ne t'en dédis-tu, traître, qu'en te taisant ?
Pour triompher de moi veux-tu, pour toutes armes,
Employer des soupirs et de muettes larmes ?
Sur notre amour passé c'est trop te confier ;

Du moins dis quelque chose à te justifier ;
Demande le pardon que tes regards m'arrachent ;
Explique leurs discours, dis-moi ce qu'ils me cachent.
Que mon courroux est faible ! et que leurs traits puissants
Rendent des criminels aisément innocents !
Je n'y puis résister, quelque effort que je fasse ;
Et de peur de me rendre, il faut quitter la place.
Alidor la retient, comme elle veut s'en aller.
Quoi ! votre amour renaît, et vous m'abandonnez !
C'est bien là me punir quand vous me pardonnez.
Je sais ce que j'ai fait, et qu'après tant d'audace
Je ne mérite pas de jouir de ma grâce ;
Mais demeurez du moins, tant que vous ayez su
Que par un feint mépris votre amour fut déçu,
Que je vous fus fidèle en dépit de ma lettre ;
Qu'en vos mains seulement on la devait remettre ;
Que mon dessein n'allait qu'à voir vos mouvements
Et juger de vos feux par vos ressentiments.
Dites, quand je la vis entre vos mains remise,
Changeai-je de couleur ? eus-je quelque surprise ?
Ma parole plus ferme et mon port assuré
Ne vous montraient-ils pas un esprit préparé ?
Que Clarine vous die, à la première vue,
Si jamais de mon change elle s'est aperçue.
Ce mauvais compliment flattait mal ses appas ;
Il vous faisait outrage, et ne l'obligeait pas ;
Et ses termes piquants, mal conçus pour lui plaire,
Au lieu de son amour, cherchaient votre colère.

Angélique
Cesse de m'éclaircir sur ce triste secret ;
En te montrant fidèle, il accroît mon regret :
Je perds moins, si je crois ne perdre qu'un volage,
Et je ne puis sortir d'erreur qu'à mon dommage.
Que me sert de savoir que tes vœux sont constants ?
Que te sert d'être aimé, quand il n'en est plus temps ?

Alidor

Aussi je ne viens pas pour regagner votre âme :
Préférez-moi Doraste, et devenez sa femme.
Je vous viens, par ma mort, en donner le pouvoir :
Moi vivant, votre foi ne le peut recevoir.
Elle m'est engagée, et quoi que l'on vous die,
Sans crime elle ne peut durer moins que ma vie.
Mais voici qui vous rend l'une et l'autre à la fois.

Angélique

Ah ! ce cruel discours me réduit aux abois.
Ma colère a rendu ma perte inévitable,
Et je déteste en vain ma faute irréparable.

Alidor

Si vous avez du cœur, on la peut réparer.

Angélique

On nous doit dès demain pour jamais séparer.
Que puis-je à de tels maux appliquer pour remède ?

Alidor

Ce qu'ordonne l'amour aux âmes qu'il possède.
Si vous m'aimez encor, vous saurez dès ce soir
Rompre les noirs effets d'un juste désespoir.
Quittez avec le bal vos malheurs pour me suivre,
Ou soudain à vos yeux je vais cesser de vivre.
Mettrez-vous en ma mort votre contentement ?

Angélique

Non ; mais que dira-t-on d'un tel emportement ?

Alidor

Est-ce là donc le prix de vous avoir servie ?
Il y va de votre heur, il y va de ma vie ;

Et vous vous arrêtez à ce qu'on en dira !
Mais faites désormais tout ce qu'il vous plaira :
Puisque vous consentez plutôt à vos supplices
Qu'à l'unique moyen de payer mes services,
Ma mort va me venger de votre peu d'amour ;
Si vous n'êtes à moi, je ne veux plus du jour.

Angélique
Retiens ce coup fatal ; me voilà résolue :
Use sur tout mon cœur de puissance absolue :
Puisqu'il est tout à toi, tu peux tout commander ;
Et contre nos malheurs j'ose tout hasarder.
Cet éclat du dehors n'a rien qui m'embarrasse ;
Mon honneur seulement te demande une grâce ;
Accorde à ma pudeur que deux mots de ta main
Puissent justifier ma fuite et ton dessein ;
Que mes parents surpris trouvent ici ce gage
Qui les rende assurés d'un heureux mariage,
Et que je sauve ainsi ma réputation
Par la sincérité de ton intention.
Ma faute en sera moindre, et mon trop de constance
Paraîtra seulement fuir une violence.

Alidor
Enfin par ce dessein vous me ressuscitez :
Agissez pleinement dessus mes volontés.
J'avais pour votre honneur la même inquiétude,
Et ne pourrais d'ailleurs qu'avec ingratitude,
Voyant ce que pour moi votre flamme résout,
Dénier quelque chose à qui m'accorde tout.
Donnez-moi ; sur-le-champ je vous veux satisfaire.

Angélique
Il vaut mieux que l'effet à tantôt se diffère.
Je manque ici de tout, et j'ai le cœur transi
De crainte que quelqu'un ne te découvre ici.

Mon dessein généreux fait naître cette crainte ;
Depuis qu'il est formé, j'en ai senti l'atteinte.
Quitte-moi, je te prie, et coule-toi sans bruit.

Alidor
Puisque vous le voulez, adieu, jusqu'à minuit.
(Alidor s'en va, et Angélique continue.)

Angélique
Que promets-tu, pauvre aveuglée ?
À quoi t'engage ici ta folle passion ?
Et de quelle indiscrétion
Ne s'accompagne point ton ardeur déréglée ?
Tu cours à ta ruine, et vas tout hasarder
Sur la foi d'un amant qui n'en saurait garder.
Je me trompe, il n'est point volage :
J'ai vu sa fermeté, j'en ai cru ses soupirs ;
Et si je flatte mes désirs,
Une si douce erreur n'est qu'à mon avantage.
Me manquât-il de foi, je la lui dois garder,
Et pour perdre Doraste il faut tout hasarder.

Alidor, *sortant de la porte d'Angélique, et repassant sur le théâtre.*
Cléandre, elle est à toi ; j'ai fléchi son courage.
Que ne peut l'artifice, et le fard du langage ?
Et si pour un ami ces effets je produis,
Lorsque j'agis pour moi, qu'est-ce que je ne puis ?

Scène VII

Phylis
Alidor à mes yeux sort de chez Angélique,
Comme s'il y gardait encor quelque pratique ;
Et même, à son visage, il semble assez content.
Aurait-il regagné cet esprit inconstant ?
Oh ! qu'il ferait bon voir que cette humeur volage
Deux fois en moins d'une heure eût changé de courage !
Que mon frère en tiendrait, s'ils s'étaient mis d'accord !
Il faut qu'à le savoir je fasse mon effort.
Ce soir, je sonderai les secrets de son âme ;
Et si son entretien ne me trahit sa flamme,
J'aurai l'œil de si près dessus ses actions,
Que je m'éclaircirai de ses intentions.

Scène VIII

Phylis, Lysis

Phylis
Quoi ? Lysis, ta retraite est de peu de durée !

Lysis
L'heure de mon congé n'est qu'à peine expirée ;
Mais vous voyant ici sans frère et sans amant...

Phylis
N'en présume pas mieux pour ton contentement.

Lysis
Et d'où vient à Phylis une humeur si nouvelle ?

Phylis
Vois-tu, je ne sais quoi me brouille la cervelle.
Va, ne me conte rien de ton affection ;
Elle en aurait fort peu de satisfaction.

Lysis
Cependant sans parler il faut que je soupire ?

Phylis
Réserve pour le bal ce que tu me veux dire.

Lysis
Le bal, où le tient-on ?

Phylis

Là-dedans.

Lysis
Il suffit ;
De votre bon avis je ferai mon profit.

Acte IV

Scène première

Alidor, Cléandre, troupe d'armes
(L'acte est dans la nuit, et Alidor dit ce premier vers à Cléandre ; et l'ayant fait retirer avec sa troupe, il continue seul.)

Alidor
Attends, sans faire bruit, que je t'en avertisse.
Enfin la nuit s'avance, et son voile propice
Me va faciliter le succès que j'attends
Pour rendre heureux Cléandre, et mes désirs contents.
Mon cœur, las de porter un joug si tyrannique,
Ne sera plus qu'une heure esclave d'Angélique.
Je vais faire un ami possesseur de mon bien :
Aussi dans son bonheur je rencontre le mien.
C'est moins pour l'obliger que pour me satisfaire,
Moins pour le lui donner qu'afin de m'en défaire.
Ce trait paraîtra lâche et plein de trahison,
Mais cette lâcheté m'ouvrira ma prison.
Je veux bien à ce prix avoir l'âme traîtresse,
Et que ma liberté me coûte une maîtresse.
Que lui fais-je, après tout, qu'elle n'ait mérité,
Pour avoir, malgré moi, fait ma captivité ?
Qu'on ne m'accuse point d'aucune ingratitude ;
Ce n'est que me venger d'un an de servitude,
Que rompre son dessein, comme elle a fait le mien,
Qu'user de mon pouvoir, comme elle a fait du sien,
Et ne lui pas laisser un si grand avantage
De suivre son humeur, et forcer mon courage.
Le forcer ! mais, hélas ! que mon consentement
Par un si doux effort fut surpris aisément !

Quel excès de plaisirs goûta mon imprudence
Avant que réfléchir sur cette violence !
Examinant mon feu, qu'est-ce que je ne perds ?
Et qu'il m'est cher vendu de connaître mes fers !
Je soupçonne déjà mon dessein d'injustice,
Et je doute s'il est ou raison ou caprice.
Je crains un pire mal après ma guérison,
Et d'aller au supplice en rompant ma prison.
Alidor, tu consens qu'un autre la possède !
Tu t'exposes sans crainte à des maux sans remède !
Ne romps point les effets de son intention,
Et laisse un libre cours à ton affection.
Fais ce beau coup pour toi ; suis l'ardeur qui te presse.
Mais trahir ton ami ! mais trahir ta maîtresse !
Je n'en veux obliger pas un à me haïr,
Et ne sais qui des deux, ou servir, ou trahir.
Quoi ! je balance encor, je m'arrête, je doute !
Mes résolutions, qui vous met en déroute ?
Revenez, mes desseins, et ne permettez pas
Qu'on triomphe de vous avec un peu d'appas.
En vain pour Angélique ils prennent la querelle ;
Cléandre, elle est à toi, nous sommes deux contre elle.
Ma liberté conspire avecque tes ardeurs ;
Les miennes désormais vont tourner en froideurs ;
Et lassé de souffrir un si rude servage,
J'ai l'esprit assez fort pour combattre un visage.
Ce coup n'est qu'un effet de générosité,
Et je ne suis honteux que d'en avoir douté.
Amour, que ton pouvoir tâche en vain de paraître.
Fuis, petit insolent, je veux être le maître ;
Il ne sera pas dit qu'un homme tel que moi,
En dépit qu'il en ait, obéisse à ta loi.
Je ne me résoudrai jamais à l'hyménée
Que d'une volonté franche et déterminée,
Et celle à qui ses nœuds m'uniront pour jamais
M'en sera redevable, et non à ses attraits ;

Et ma flamme…

Scène II

Alidor, Cléandre

Cléandre
Alidor !

Alidor
Qui m'appelle ?

Cléandre
Cléandre.

Alidor
Tu t'avances trop tôt.

Cléandre
Je me lasse d'attendre.

Alidor
Laisse-moi, cher ami, le soin de t'avertir
En quel temps de ce coin il te faudra sortir.

Cléandre
Minuit vient de sonner ; et, par expérience,
Tu sais comme l'amour est plein d'impatience.

Alidor
Va donc tenir tout prêt à faire un si beau coup ;
Ce que nous attendons ne peut tarder beaucoup.
Je livre entre tes mains cette belle maîtresse,
Sitôt que j'aurai pu lui rendre ta promesse :

Sans lumière, et d'ailleurs s'assurant en ma foi,
Rien ne l'empêchera de la croire de moi.
Après, achève seul ; je ne puis, sans supplice,
Forcer ici mon bras à te faire service ;
Et mon reste d'amour, en cet enlèvement,
Ne peut contribuer que mon consentement.

Cléandre
Ami, ce m'est assez.

Alidor
Va donc là-bas attendre
Que je te donne avis du temps qu'il faudra prendre.
Cléandre, encore un mot : pour de pareils exploits
Nous nous ressemblons mal, et de taille et de voix ;
Angélique soudain pourra te reconnaître ;
Regarde après ses cris si tu serais le maître.

Cléandre
Ma main dessus sa bouche y saura trop pourvoir.

Alidor
Ami, séparons-nous, je pense l'entrevoir.

Cléandre
Adieu. Fais promptement.

Scène III

Alidor, Angélique

Angélique
Que la nuit est obscure !
Alidor n'est pas loin, j'entends quelque murmure.

Alidor
De peur d'être connu, je défends à mes gens
De paraître en ces lieux avant qu'il en soit temps.
Tenez.
(Il lui donne la promesse de Cléandre.)

Angélique
Je prends sans lire ; et ta foi m'est si claire,
Que je la prends bien moins pour moi que pour mon père :
Je la porte à ma chambre : épargnons les discours ;
Fais avancer tes gens, et dépêche.

Alidor
J'y cours.
Lorsque de son honneur je lui rends l'assurance,
C'est quand je trompe mieux sa crédule espérance :
Mais puisqu'au lieu de moi je lui donne un ami,
À tout prendre, ce n'est la tromper qu'à demi.

Scène IV

Phylis

Angélique ! C'est fait, mon frère en a dans l'aile.
La voyant échapper, je courais après elle ;
Mais un maudit galant m'est venu brusquement
Servir à la traverse un mauvais compliment,
Et par ses vains discours m'embarrasser de sorte
Qu'Angélique à son aise a su gagner la porte.
Sa perte est assurée, et le traître Alidor
La posséda jadis, et la possède encor.
Mais jusques à ce point serait-elle imprudente ?
Il n'en faut point douter, sa perte est évidente :
Le cœur me le disait, le voyant en sortir,
Et mon frère dès lors se devait avertir.
Je te trahis, mon frère, et par ma négligence,
Étant sans y penser de leur intelligence...
*(Alidor paraît avec Cléandre accompagné d'une troupe ;
et après lui avoir montré Phylis, qu'il croit être Angélique, il se
retire en un coin du théâtre, et Cléandre enlève Phylis, et lui
met d'abord la main sur la bouche.)*

Scène V

Alidor
On l'enlève, et mon cœur, surpris d'un vain regret,
Fait à ma perfidie un reproche secret ;
Il tient pour Angélique, il la suit, le rebelle !
Parmi mes trahisons il veut être fidèle ;
Je le sens, malgré moi, de nouveaux feux épris,
Refuser de ma main sa franchise à ce prix,
Désavouer mon crime, et pour mieux s'en défendre,
Me demander son bien, que je cède à Cléandre.
Hélas ! qui me prescrit cette brutale loi
De payer tant d'amour avec si peu de foi ?
Qu'envers cette beauté ma flamme est inhumaine !
Si mon feu la trahit, que lui ferait ma haine ?
Juge, juge, Alidor, en quelle extrémité
La va précipiter ton infidélité.
Écoute ses soupirs, considère ses larmes,
Laisse-toi vaincre enfin à de si fortes armes ;
Et va voir si Cléandre, à qui tu sers d'appui,
Pourra faire pour toi ce que tu fais pour lui.
Mais mon esprit s'égare, et quoi qu'il se figure,
Faut-il que je me rende à des pleurs en peinture,
Et qu'Alidor, de nuit plus faible que de jour,
Redonne à la pitié ce qu'il ôte à l'amour ?
Ainsi donc mes desseins se tournent en fumée !
J'ai d'autres repentirs que de l'avoir aimée !
Suis-je encore Alidor après ces sentiments ?
Et ne pourrai-je enfin régler mes mouvements ?
Vaine compassion des douleurs d'Angélique,
Qui penses triompher d'un cœur mélancolique !
Téméraire avorton d'un impuissant remords,

Va, va porter ailleurs tes débiles efforts.
Après de tels appas, qui ne m'ont pu séduire,
Qui te fait espérer ce qu'ils n'ont su produire ?
Pour un méchant soupir que tu m'as dérobé,
Ne me présume pas tout à fait succombé :
Je sais trop maintenir ce que je me propose,
Et souverain sur moi, rien que moi n'en dispose.
En vain un peu d'amour me déguise en forfait
Du bien que je me veux le généreux effet,
De nouveau, j'y consens, et prêt à l'entreprendre…

Scène VI

Angélique, Alidor

Angélique
Je demande pardon de t'avoir fait attendre,
D'autant qu'en l'escalier on faisait quelque bruit,
Et qu'un peu de lumière en effaçait la nuit :
Je n'osais avancer, de peur d'être aperçue.
Allons, tout est-il prêt ? Personne ne m'a vue :
De grâce, dépêchons, c'est trop perdre de temps,
Et les moments ici nous sont trop importants ;
Fuyons vite, et craignons les yeux d'un domestique.
Quoi ! tu ne réponds point à la voix d'Angélique ?

Alidor
Angélique ! mes gens vous viennent d'enlever ;
Qui vous a fait sitôt de leurs mains vous sauver ?
Quel soudain repentir, quelle crainte de blâme,
Et quelle ruse enfin vous dérobe à ma flamme ?
Ne vous suffit-il point de me manquer de foi,
Sans prendre encor plaisir à vous jouer de moi ?

Angélique
Que tes gens cette nuit m'aient vue ou saisie !
N'ouvre point ton esprit à cette fantaisie.

Alidor
Autant que l'ont permis les ombres de la nuit,
Je l'ai vu de mes yeux.

Angélique

Tes yeux t'ont donc séduit ;
Et quelque autre sans doute, après moi descendue,
Se trouve entre les mains dont j'étais attendue.
Mais, ingrat, pour toi seul j'abandonne ces lieux,
Et tu n'accompagnais ma fuite que des yeux !
Pour marque d'un amour que je croyais extrême,
Tu remets ma conduite à d'autres qu'à toi-même !
Je suis donc un larcin indigne de tes mains ?

Alidor
Quand vous aurez appris le fond de mes desseins,
Vous n'attribuerez plus, voyant mon innocence,
À peu d'affection l'effet de ma prudence.

Angélique
Pour ôter tout soupçon et tromper ton rival,
Tu diras qu'il fallait te montrer dans le bal.
Faible ruse !

Alidor
Ajoutez et vaine, et sans adresse,
Puisque je ne pouvais démentir ma promesse.

Angélique
Quel était donc ton but ?

Alidor
D'attendre ici le bruit
Que les premiers soupçons auront bientôt produit,
Et d'un autre côté me jetant à la fuite,
Divertir de vos pas leur plus chaude poursuite.

Angélique, *en pleurant.*
Mais enfin, Alidor, tes gens se sont mépris ?

Alidor

Dans ce coup de malheur, et confus, et surpris,
Je vois tous mes desseins succéder à ma honte ;
Mais il me faut donner quelque ordre à ce mécompte :
Permettez...

Angélique
Cependant, à qui me laisses-tu ?
Tu frustres donc mes vœux de l'espoir qu'ils ont eu,
Et ton manque d'amour, de mes malheurs complice,
M'abandonnant ici, me livre à mon supplice ?
L'hymen (ah, ce mot seul me réduit aux abois !)
D'un amant odieux me va soumettre aux lois ;
Et tu peux m'exposer à cette tyrannie !
De l'erreur de tes gens je me verrai punie !

Alidor
Nous préserve le ciel d'un pareil désespoir !
Mais votre éloignement n'est plus en mon pouvoir.
J'en ai manqué le coup ; et, ce que je regrette,
Mon carrosse est parti, mes gens ont fait retraite.
À Paris, et de nuit, une telle beauté,
Suivant un homme seul, est mal en sûreté :
Doraste, ou par malheur quelque rencontre pire,
Me pourrait arracher le trésor où j'aspire :
Évitons ces périls en différant d'un jour.

Angélique
Tu manques de courage aussi bien que d'amour,
Et tu me fais trop voir par ta bizarrerie
Le chimérique effet de ta poltronnerie.
Alidor (quel amant !) n'ose me posséder.

Alidor
Un bien si précieux se doit-il hasarder ?
Et ne pouvez-vous point d'une seule journée
Retarder le malheur de ce triste hyménée ?

Peut-être le désordre et la confusion
Qui naîtront dans le bal de cette occasion
Le remettront pour vous ; et l'autre nuit, je jure...

Angélique
Que tu seras encore ou timide ou parjure.
Quand tu m'as résolue à tes intentions,
Lâche, t'ai-je opposé tant de précautions ?
Tu m'adores, dis-tu ? tu le fais bien paraître,
Rejetant mon bonheur ainsi sur un peut-être.

Alidor
Quoi qu'ose mon amour appréhender pour vous,
Puisque vous le voulez, fuyons, je m'y résous ;
Et malgré ces périls... Mais on ouvre la porte ;
C'est Doraste qui sort, et nous suit à main-forte.
(Alidor s'échappe et Angélique le veut suivre ; mais Doraste l'arrête.)

Scène VII

Angélique, Doraste, Lycante, Troupe d'amis

Doraste
Quoi ! ne m'attendre pas ? c'est trop me dédaigner ;
Je ne viens qu'à dessein de vous accompagner ;
Car vous n'entreprenez si matin ce voyage
Que pour vous préparer à notre mariage.
Encor que vous partiez beaucoup devant le jour,
Vous ne serez jamais assez tôt de retour ;
Vous vous éloignez trop, vu que l'heure nous presse.
Infidèle ! est-ce là me tenir ta promesse ?

Angélique
Eh bien, c'est te trahir. Penses-tu que mon feu
D'un généreux dessein te fasse un désaveu ?
Je t'acquis par dépit, et perdrais avec joie.
Mon désespoir à tous m'abandonnait en proie,
Et lorsque d'Alidor je me vis outrager,
Je fis armes de tout afin de me venger.
Tu t'offris par hasard, je t'acceptai de rage ;
Je te donnai son bien, et non pas mon courage.
Ce change à mon courroux jetait un faux appas,
Je le nommais sa peine, et c'était mon trépas :
Je prenais pour vengeance une telle injustice,
Et dessous ces couleurs j'adorais mon supplice.
Aveugle que j'étais ! mon peu de jugement
Ne se laissait guider qu'à mon ressentiment.
Mais depuis, Alidor m'a fait voir que son âme,
En feignant un mépris, n'avait pas moins de flamme.
Il a repris mon cœur en me rendant les yeux ;

Et soudain mon amour m'a fait haïr ces lieux.

Doraste
Tu suivais Alidor !

Angélique
Ta funeste arrivée,
En arrêtant mes pas, de ce bien m'a privée ;
Mais si...

Doraste
Tu le suivais !

Angélique
Oui : fais tous tes efforts ;
Lui seul aura mon cœur, tu n'auras que le corps.

Doraste
Impudente, effrontée autant comme traîtresse,
De ce cher Alidor tiens-tu cette promesse ?
Est-elle de sa main, parjure ? De bon cœur
J'aurais cédé ma place à ce premier vainqueur ;
Mais suivre un inconnu ! me quitter pour Cléandre !

Angélique
Pour Cléandre !

Doraste
J'ai tort ; je tâche à te surprendre.
Vois ce qu'en te cherchant m'a donné le hasard ;
C'est ce que dans ta chambre a laissé ton départ :
C'est là qu'au lieu de toi j'ai trouvé sur ta table
De ta fidélité la preuve indubitable.
Lis, mais ne rougis point ; et me soutiens encor
Que tu ne fuis ces lieux que pour suivre Alidor.

Billet de Cléandre à Angélique

Angélique, reçois ce gage
De la foi que je te promets
Qu'un prompt et sacré mariage
Unira nos jours désormais
Quittons ces lieux, chère maîtresse ;
Rien ne peut que ta fuite assurer mon bonheur ;
Mais laisse aux tiens cette promesse
Pour sûreté de ton honneur,
Afin qu'ils en puissent apprendre
Que tu suis ton mari lorsque tu suis Cléandre.
Cléandre.

Angélique
Que je suis mon mari lorsque je suis Cléandre ?
Alidor est perfide, ou Doraste imposteur.
Je vois la trahison, et doute de l'auteur.
Mais, pour m'en éclaircir, ce billet doit suffire ;
Je le pris d'Alidor, et le pris sans le lire ;
Et puisqu'à m'enlever son bras se refusait,
Il ne prétendait rien au larcin qu'il faisait.
Le traître ! J'étais donc destinée à Cléandre !
Hélas ! Mais qu'à propos le ciel l'a fait méprendre,
Et ne consentant point à ses lâches desseins,
Met au lieu d'Angélique une autre entre ses mains !

Doraste
Que parles-tu d'une autre en ta place ravie ?

Angélique
J'en ignore le nom, mais elle m'a suivie ;
Et ceux qui m'attendaient dans l'ombre de la nuit...

Doraste
C'en est assez, mes yeux du reste m'ont instruit :
Autre n'est que Phylis entre leurs mains tombée ;

Après toi de la salle elle s'est dérobée.
J'arrête une maîtresse, et je perds une sœur :
Mais allons promptement après le ravisseur.

Scène VIII

Angélique
Dure condition de mon malheur extrême !
Si j'aime, on me trahit ; je trahis, si l'on m'aime.
Qu'accuserai-je ici d'Alidor ou de moi ?
Nous manquons l'un et l'autre également de foi.
Si j'ose l'appeler lâche, traître, parjure,
Ma rougeur aussitôt prendra part à l'injure ;
Et les mêmes couleurs qui peindront ses forfaits
Des miens en même temps exprimeront les traits.
Mais quel aveuglement nos deux crimes égale,
Puisque c'est pour lui seul que je suis déloyale ?
L'amour m'a fait trahir (qui n'en trahirait pas ?),
Et la trahison seule a pour lui des appas.
Son crime est sans excuse, et le mien pardonnable :
Il est deux fois, que dis-je ? il est le seul coupable ;
Il m'a prescrit la loi, je n'ai fait qu'obéir ;
Il me trahit lui-même, et me force à trahir.
Déplorable Angélique, en malheurs sans seconde,
Que veux-tu désormais, que peux-tu faire au monde,
Si ton ardeur sincère et ton peu de beauté
N'ont pu te garantir d'une déloyauté ?
Doraste tient ta foi ; mais si ta perfidie
A jusqu'à te quitter son âme refroidie,
Suis, suis dorénavant de plus saines raisons,
Et sans plus t'exposer à tant de trahisons,
Puisque de ton amour on fait si peu de conte,
Va cacher dans un cloître et tes pleurs et ta honte.

Acte V

Scène première

Cléandre, Phylis

Cléandre
Accordez-moi ma grâce avant qu'entrer chez vous.

Phylis
Vous voulez donc enfin d'un bien commun à tous ?
Craignez-vous qu'à vos feux ma flamme ne réponde ?
Et puis-je vous haïr, si j'aime tout le monde ?

Cléandre
Votre bel esprit raille, et pour moi seul cruel,
Du rang de vos amants sépare un criminel :
Toutefois mon amour n'est pas moins légitime,
Et mon erreur du moins me rend vers vous sans crime.
Soyez, quoi qu'il en soit, d'un naturel plus doux :
L'amour a pris le soin de me punir pour vous ;
Les traits que cette nuit il trempait de vos larmes
Ont triomphé d'un cœur invincible à vos charmes.

Phylis
Puisque vous ne m'aimez que par punition,
Vous m'obligez fort peu de cette affection.

Cléandre
Après votre beauté sans raison négligée,
Il me punit bien moins qu'il ne vous a vengée.
Avez-vous jamais vu dessein plus renversé ?
Quand j'ai la force en main, je me trouve forcé ;
Je crois prendre une fille, et suis pris par une autre ;

J'ai tout pouvoir sur vous, et me remets au vôtre.
Angélique me perd, quand je crois l'acquérir ;
Je gagne un nouveau mal, quand je pense guérir.
Dans un enlèvement je hais la violence ;
Je suis respectueux après cette insolence ;
Je commets un forfait, et n'en saurais user ;
Je ne suis criminel que pour m'en accuser.
Je m'expose à ma peine ; et négligeant ma fuite,
Aux vôtres offensés j'épargne la poursuite.
Ce que j'ai pu ravir, je viens le demander ;
Et pour vous devoir tout, je veux tout hasarder.

Phylis
Vous ne me devrez rien, du moins si j'en suis crue ;
Et si mes propres yeux vous donnent dans la vue,
Si votre propre cœur soupire après ma main,
Vous courez grand hasard de soupirer en vain.
Toutefois, après tout, mon humeur est si bonne
Que je ne puis jamais désespérer personne.
Sachez que mes désirs, toujours indifférents,
Iront sans résistance au gré de mes parents ;
Leur choix sera le mien : c'est vous parler sans feinte.

Cléandre
Je vois de leur côté mêmes sujets de crainte ;
Si vous me refusez, m'écouteront-ils mieux ?

Phylis
Le monde vous croit riche, et mes parents sont vieux.

Cléandre
Puis-je sur cet espoir…

Phylis
C'est assez vous en dire.

Scène II

Alidor, **Cléandre**, **Phylis**

Alidor
Cléandre a-t-il enfin ce que son cœur désire ?
Et ses amours, changés par un heureux hasard,
De celui de Phylis ont-ils pris quelque part ?

Cléandre
Cette nuit tu l'as vue en un mépris extrême,
Et maintenant, ami, c'est encore elle-même :
Son orgueil se redouble étant en liberté,
Et devient plus hardi d'agir en sûreté.
J'espère toutefois, à quelque point qu'il monte,
Qu'à la fin...

Phylis
Cependant que vous lui rendrez conte
Je vais voir mes parents, que ce coup de malheur
À mon occasion accable de douleur.
Je n'ai tardé que trop à les tirer de peine.

Alidor, *retenant Cléandre qui la veut suivre.*
Est-ce donc tout de bon qu'elle t'est inhumaine ?

Cléandre
Il la faut suivre. Adieu. Je te puis assurer
Que je n'ai pas sujet de me désespérer.
Va voir ton Angélique, et la compte pour tienne,
Si tu la vois d'humeur qui ressemble à la sienne.

Alidor
Tu me la rends enfin ?

Cléandre
Doraste tient sa foi ;
Tu possèdes son cœur : qu'aurait-elle pour moi ?
Quelques charmants appas qui soient sur son visage,
Je n'y saurais avoir qu'un fort mauvais partage :
Peut-être elle croirait qu'il lui serait permis
De ne me rien garder, ne m'ayant rien promis ;
Il vaut mieux que ma flamme à son tour te la cède.
Mais, derechef, adieu.

Scène III

Alidor
Ainsi tout me succède ;
Ses plus ardents désirs se règlent sur mes vœux :
Il accepte Angélique, et la rend quand je veux ;
Quand je tâche à la perdre, il meurt de m'en défaire ;
Quand je l'aime, elle cesse aussitôt de lui plaire.
Mon cœur prêt à guérir, le sien se trouve atteint ;
Et mon feu rallumé, le sien se trouve éteint :
Il aime quand je quitte, il quitte alors que j'aime ;
Et sans être rivaux, nous aimons en lieu même.
C'en est fait, Angélique, et je ne saurais plus
Rendre contre tes yeux des combats superflus.
De ton affection cette preuve dernière
Reprend sur tous mes sens une puissance entière.
Les ombres de la nuit m'ont redonné le jour :
Que j'eus de perfidie, et que je vis d'amour !
Quand je sus que Cléandre avait manqué sa proie,
Que j'en eus de regret, et que j'en ai de joie !
Plus je t'étais ingrat, plus tu me chérissais ;
Et ton ardeur croissait plus je te trahissais.
Aussi j'en fus honteux, et confus dans mon âme,
La honte et le remords rallumèrent ma flamme.
Que l'amour pour nous vaincre a de chemins divers !
Et que malaisément on rompt de si beaux fers !
C'est en vain qu'on résiste aux traits d'un beau visage ;
En vain, à son pouvoir refusant son courage,
On veut éteindre un feu par ses yeux allumé,
Et ne le point aimer quand on s'en voit aimé :
Sous ce dernier appas l'amour a trop de force ;
Il jette dans nos cœurs une trop douce amorce,

Et ce tyran secret de nos affections
Saisit trop puissamment nos inclinations.
Aussi ma liberté n'a plus rien qui me flatte ;
Le grand soin que j'en eus partait d'une âme ingrate,
Et mes desseins, d'accord avecque mes désirs,
À servir Angélique ont mis tous mes plaisirs.
Mais, hélas ! ma raison est-elle assez hardie
Pour croire qu'on me souffre après ma perfidie ?
Quelque secret instinct, à mon bonheur fatal,
Ne la porte-t-il point à me vouloir du mal ?
Que de mes trahisons elle serait vengée,
Si, comme mon humeur, la sienne était changée !
Mais qui la changerait, puisqu'elle ignore encor
Tous les lâches complots du rebelle Alidor ?
Que dis-je, malheureux ? Ah ! c'est trop me méprendre,
Elle en a trop appris du billet de Cléandre ;
Son nom au lieu du mien en ce papier souscrit
Ne lui montre que trop le fond de mon esprit.
Sur ma foi toutefois elle le prit sans lire ;
Et si le ciel vengeur contre moi ne conspire,
Elle s'y fie assez pour n'en avoir rien lu.
Entrons, quoi qu'il en soit, d'un esprit résolu ;
Dérobons à ses yeux le témoin de mon crime ;
Et si pour l'avoir lu sa colère s'anime,
Et qu'elle veuille user d'une juste rigueur,
Nous savons les moyens de regagner son cœur.

Scène IV

Doraste, Lycante

Doraste
Ne sollicite plus mon âme refroidie.
Je méprise Angélique après sa perfidie ;
Mon cœur s'est révolté contre ses lâches traits,
Et qui n'a point de foi n'a point pour moi d'attraits.
Veux-tu qu'on me trahisse, et que mon amour dure ?
J'ai souffert sa rigueur, mais je hais son parjure,
Et tiens sa trahison indigne à l'avenir
D'occuper aucun lieu dedans mon souvenir.
Qu'Alidor la possède ; il est traître comme elle :
Jamais pour ce sujet nous n'aurons de querelle.
Pourrais-je avec raison lui vouloir quelque mal
De m'avoir délivré d'un esprit déloyal ?
Ma colère l'épargne, et n'en veut qu'à Cléandre :
Il verra que son pire était de se méprendre ;
Et si je puis jamais trouver ce ravisseur,
Il me rendra soudain et la vie et ma sœur.

Lycante
Faites mieux : puisqu'à peine elle pourrait prétendre
Une fortune égale à celle de Cléandre,
En faveur de ses biens calmez votre courroux,
Et de son ravisseur faites-en son époux.
Bien qu'il eût fait dessein sur une autre personne,
Faites-lui retenir ce qu'un hasard lui donne ;
Je crois que cet hymen pour satisfaction
Plaira mieux à Phylis que sa punition.

Doraste
Nous consultons en vain, ma poursuite étant vaine.

Lycante
Nous le rencontrerons, n'en soyez point en peine :
Où que soit sa retraite, il n'est pas toujours nuit ;
Et ce qu'un jour nous cache, un autre le produit.
Mais, dieux ! voilà Phylis qu'il a déjà rendue.

Scène V

Doraste, Phylis, Lycante

Doraste
Ma sœur, je te retrouve après t'avoir perdue !
Et de grâce, quel lieu me cache le voleur
Qui, pour s'être mépris, a causé ton malheur ?
Que son trépas...

Phylis
Tout beau ; peut-être ta colère,
Au lieu de ton rival, en veut à ton beau-frère.
En un mot, tu sauras qu'en cet enlèvement
Mes larmes m'ont acquis Cléandre pour amant :
Son cœur m'est demeuré pour peine de son crime,
Et veut changer un rapt en amour légitime.
Il fait tous ses efforts pour gagner mes parents,
Et s'il les peut fléchir, quant à moi, je me rends ;
Non, à dire le vrai, que son objet me tente ;
Mais mon père content, je dois être contente.
Tandis, par la fenêtre ayant vu ton retour,
Je t'ai voulu sur l'heure apprendre cet amour,
Pour te tirer de peine et rompre ta colère.

Doraste
Crois-tu que cet hymen puisse me satisfaire ?

Phylis
Si tu n'es ennemi de mes contentements,
Ne prends mes intérêts que dans mes sentiments ;
Ne fais point le mauvais, si je ne suis mauvaise,

Et ne condamne rien à moins qu'il me déplaise.
En cette occasion, si tu me veux du bien,
C'est à toi de régler ton esprit sur le mien.
Je respecte mon père, et le tiens assez sage
Pour ne résoudre rien à mon désavantage.
Si Cléandre le gagne, et m'en peut obtenir,
Je crois de mon devoir...

Lycante
Je l'aperçois venir.
Résolvez-vous, monsieur, à ce qu'elle désire.

Scène VI

Doraste, Cléandre, Phylis, Lycante

Cléandre
Si vous n'êtes d'humeur, madame, à vous dédire,
Tout me rit désormais, j'ai leur consentement.
Mais excusez, monsieur, le transport d'un amant ;
Et souffrez qu'un rival, confus de son offense,
Pour en perdre le nom entre en votre alliance,
Ne me refusez point un oubli du passé ;
Et son ressouvenir à jamais effacé,
Bannissant toute aigreur, recevez un beau-frère
Que votre sœur accepte après l'aveu d'un père.

Doraste
Quand j'aurais sur ce point des avis différents,
Je ne puis contredire au choix de mes parents ;
Mais outre leur pouvoir, votre âme généreuse,
Et ce franc procédé qui rend ma sœur heureuse,
Vous acquièrent les biens qu'ils vous ont accordés,
Et me font souhaiter ce que vous demandez.
Vous m'avez obligé de m'ôter Angélique ;
Rien de ce qui la touche à présent ne me pique :
Je n'y prends plus de part, après sa trahison.
Je l'aimai par malheur, et la hais par raison.
Mais la voici qui vient, de son amant suivie.

Scène VII

Alidor, Angélique, Doraste, Cléandre, Phylis, Lycante

Alidor
Finissez vos mépris, ou m'arrachez la vie.

Angélique
Ne m'importune plus, infidèle. Ah, ma sœur !
Comme as-tu pu sitôt tromper ton ravisseur ?

Phylis, *à Angélique.*
Il n'en a plus le nom ; et son feu légitime,
Autorisé des miens, en efface le crime ;
Le hasard me le donne, et changeant ses desseins,
Il m'a mise en son cœur aussi bien qu'en ses mains.
Son erreur fut soudain de son amour suivie ;
Et je ne l'ai ravi qu'après qu'il m'a ravie.
Jusque-là tes beautés ont possédé ses vœux ;
Mais l'amour d'Alidor faisait taire ses feux.
De peur de l'offenser te cachant son martyre,
Il me venait conter ce qu'il ne t'osait dire ;
Mais nous changeons de sort par cet enlèvement :
Tu perds un serviteur, et j'y gagne un amant.

Doraste, *à Phylis.*
Dis-lui qu'elle en perd deux ; mais qu'elle s'en console,
Puisque avec Alidor je lui rends sa parole.
(À Angélique.)
Satisfaites sans crainte à vos intentions ;
Je ne mets plus d'obstacle à vos affections.

Si vous faussez déjà la parole donnée,
Que ne feriez-vous point après notre hyménée ?
Pour moi, malaisément on me trompe deux fois :
Vous l'aimez, j'y consens, et lui cède mes droits.

Alidor
Puisque vous me pouvez accepter sans parjure,
Pouvez-vous consentir que votre rigueur dure ?
Vos yeux sont-ils changés, vos feux sont-ils éteints ?
Et quand mon amour croît, produit-il vos dédains ?
Voulez-vous…

Angélique
Déloyal, cesse de me poursuivre ;
Si je t'aime jamais, je veux cesser de vivre.
Quel espoir mal conçu te rapproche de moi ?
Aurais-je de l'amour pour qui n'a point de foi ?

Doraste
Quoi ! le bannissez-vous parce qu'il vous ressemble ?
Cette union d'humeurs vous doit unir ensemble.
Pour ce manque de foi c'est trop le rejeter :
Il ne l'a pratiqué que pour vous imiter.

Angélique
Cessez de reprocher à mon âme troublée
La faute où la porta son ardeur aveuglée.
Vous seul avez ma foi, vous seul à l'avenir
Pouvez à votre gré me la faire tenir :
Si toutefois, après ce que j'ai pu commettre,
Vous me pouvez haïr jusqu'à me la remettre,
Un cloître désormais bornera mes desseins.
C'est là que je prendrai des mouvements plus sains ;
C'est là que, loin du monde et de sa vaine pompe,
Je n'aurai qui tromper, non plus que qui me trompe.

Alidor
Mon souci !

Angélique
Tes soucis doivent tourner ailleurs.

Phylis, *à Angélique.*
De grâce, prends pour lui des sentiments meilleurs.

Doraste, *à Phylis.*
Nous leur nuisons, ma sœur, hors de notre présence
Elle se porterait à plus de complaisance ;
L'amour seul, assez fort pour la persuader,
Ne veut point d'autres tiers à les raccommoder.

Cléandre, *à Doraste.*
Mon amour, ennuyé des yeux de tant de monde,
Adore la raison où votre avis se fonde.
Adieu, belle Angélique, adieu ; c'est justement
Que votre ravisseur vous cède à votre amant.

Doraste, *à Angélique.*
Je vous eus par dépit, lui seul il vous mérite ;
Ne lui refusez point ma part que je lui quitte.

Phylis
Si tu m'aimes, ma sœur, fais-en autant que moi,
Et laisse à tes parents à disposer de toi.
Ce sont des jugements imparfaits que les nôtres :
Le cloître a ses douceurs, mais le monde en a d'autres
Qui pour avoir un peu moins de solidité,
N'accommodent que mieux notre instabilité.
Je crois qu'un bon dessein dans le cloître te porte ;
Mais un dépit d'amour n'en est pas bien la porte,
Et l'on court grand hasard d'un cuisant repentir
De se voir en prison sans espoir d'en sortir.

Cléandre, *à Phylis.*
N'achèverez-vous point ?

Phylis
J'ai fait, et vous vais suivre.
Adieu. Par mon exemple apprend comme il faut vivre,
Et prends pour Alidor un naturel plus doux.
(Cléandre, Doraste, Phylis et Lycante rentrent.)

Angélique
Rien ne rompra le coup à quoi je me résous :
Je me veux exempter de ce honteux commerce
Où la déloyauté si pleinement s'exerce ;
Un cloître est désormais l'objet de mes désirs :
L'âme ne goûte point ailleurs de vrais plaisirs.
Ma foi qu'avait Doraste engageait ma franchise ;
Et je ne vois plus rien, puisqu'il me l'a remise,
Qui me retienne au monde, ou m'arrête en ce lieu :
Cherche une autre à trahir ; et pour jamais adieu.

Scène VIII

Alidor
Que par cette retraite elle me favorise !
Alors que mes desseins cèdent à mes amours,
Et qu'ils ne sauraient plus défendre ma franchise,
Sa haine et ses refus viennent à leur secours.
J'avais beau la trahir, une secrète amorce
Rallumait dans mon cœur l'amour par la pitié ;
Mes feux en recevaient une nouvelle force,
Et toujours leur ardeur en croissait de moitié.
Ce que cherchait par là mon âme peu rusée,
De contraires moyens me l'ont fait obtenir ;
Je suis libre à présent qu'elle est désabusée,
Et je ne l'abusais que pour le devenir.
Impuissant ennemi de mon indifférence :
Je brave, vain Amour, ton débile pouvoir,
Ta force ne venait que de mon espérance,
Et c'est ce qu'aujourd'hui m'ôte son désespoir.
Je cesse d'espérer et commence de vivre ;
Je vis dorénavant, puisque je vis à moi ;
Et quelques doux assauts qu'un autre objet me livre,
C'est de moi seulement que je prendrai la loi.
Beautés, ne pensez point à rallumer ma flamme ;
Vos regards ne sauraient asservir ma raison ;
Et ce sera beaucoup emporté sur mon âme,
S'ils me font curieux d'apprendre votre nom.
Nous feindrons toutefois, pour nous donner carrière,
Et pour mieux déguiser nous en prendrons un peu ;
Mais nous saurons toujours rebrousser en arrière,
Et quand il nous plaira nous retirer du jeu.
Cependant Angélique enfermant dans un cloître

Ses yeux dont nous craignions la fatale clarté,
Les murs qui garderont ces tyrans de paroître
Serviront de remparts à notre liberté.
Je suis hors de péril qu'après son mariage
Le bonheur d'un jaloux augmente mon ennui,
Et ne serai jamais sujet à cette rage
Qui naît de voir son bien entre les mains d'autrui.
Ravi qu'aucun n'en ait ce que j'ai pu prétendre,
Puisqu'elle dit au monde un éternel adieu,
Comme je la donnais sans regret à Cléandre,
Je verrai sans regret qu'elle se donne à Dieu.